[illegible]ETHODE

[illegible]

[illegible] EN MÊME TEMPS

[illegible] et [illegible],

[illegible] Mme A. CHORON,

[illegible] Institution royale de Musique Religieuse de [illegible] de l'Université et de l'Académie [illegible] de la Sorbonne, etc.

[illegible] ÉDITION.

[illegible] CAHIER.

[illegible] de lecture. — Orthographe simple.

A PARIS,
[illegible] Mme ALEXANDRINE CHORON,
[illegible] DE MUSIQUE RELIGIEUSE DE FRANCE,
Rue de Vaugirard, N° 69.
[illegible]

X

EXERCICES DE LECTURE.

PREMIÈRE PARTIE.

ORTHOGRAPHE SIMPLE.

A È É E I O U OU
a è é e i o u ou.

AN IN ON UN OI
an in on un oi

B b

Ba bè bé be bi bo bu bou
ban bin bon bun boi
Ab eb ib ob ub oub.

Bé-bé bi-bi bo-bi bo-bo bam-bin
Bébé bibi bobi bobo bambin
bam-bou bon-bon ba-bouin im-bi-bé
bambou bonbon babouin imbibé.

P p

Pa pè pé pe pi po pu pou
pan pin pon pun poi
Ap ep ip op up oup

Pa-pa pe-pin pou-pon pou-pin
papa pepin poupon poupin
pom-pon a-pi é-pi pi-on.
pompon api épi pion.

V v

Va vè vé ve vi vo vu vou
van vin von vun voi

A-vé pa-vé.
Avé pavé.

F f

Fa fè fé fe fi fo fu fou
fan fin fon fun foi
Af ef if of uf ouf oif

Fi-fi fan-fan.
Fifi fanfan.

M m

Ma mè mé me mi mo mu mou
man min mon mun moi

Ma-man mi-mi a-mi é-mu vo-mi
Maman mimi ami ému vomi

Mo-ab fu-mé pou-mon.
Moab fumé poumon.

D d

Da dè dé de di do du dou
Dan din don dun doi
Ad ed id od ud oud oid.

Da-da do-do don-don din-don
dada dodo dondon dindon

Dé-mon de-vin di-vin bou-din
démon devin divin boudin

pa-dou mi-di in-di-vidu a-ban-don
padou midi individu abandon

bi-don bon-don.
bidon bondon.

T t.

Ta tè té te ti to tu tou
tan tin ton tun toi
At et it ot ut out oit

Tou-tou é-tui pa-tin pan-tin pon-ton
Toutou étui patin pantin ponton

tin-tou-in pa-ta-pouf tam-pon fé-tu
tintouin patapouf tampon fétu

ti-mon mou-ton é-té a-vi-di-té bu-tin
timon mouton été avidité butin

bou-ton ma-tin ti-mi-di-té poin-tu
bouton matin timidité pointu

Poi-tou bon-té vo-mi-tif.
Poitou bonté vomitif.

N n

Na nè né ne ni no nu nou
nan nin non nun noi

A-non bé-ni bé-nin me-nu u-ni-té
Anon béni bénin menu unité

pu-ni ve-nin To-pi-nam-bou da-tif
puni venin Topinambou datif

in-fi-ni in-fi-ni-té fa-non u-na-ni-mi-té
infini nfinité fanon unanimité

va-ni-té	nu-di-té	mi-non	a-dop-tif
vanité	nudité	minon	adoptif

nou-é.
noué.

L l

La lè lé le li lo lu lou
lan lin lon lun loi
Al el il ol ul oul oil

Alun élan balon bélin bilan lapin pilon vélin filou foulon lundi talon pantalon doublon diablotin plantin filon lambin latin malin moulin amovibilité amabilité milan baladin palatin animal linon métal total fanal fatal féodal fatalité vital inamovibilité impalpabilité dilatabilité féodalité mobilité fidélité lividité limpidité bémol oubli totalité volonté volubilité volupté utilité peloton boulon melon défilé.

R r

Ra rè ré re ri ro ru rou
ran rin ron run roi
Ar er ir or ur our oir

Baron burin ruban ravin fretin fripon fronton édredon rapidité abri intrépidité tournoi ortolan turban trépan tamarin minéral patrimonial morfondu brutalité familiarité formalité frivolité importunité infirmité libéralité moralité maturité matérialité probité variabilité propreté profil fourmi artimon revenu fémur préparatif parfum forban florin lutrin pélerin tambourin amiral tribunal rival diurnal numéro barbon bridon bourdon futur brandon fredon lardon pardon vérité intrépidité irréformabilité probabilité pénétrabilité impénétrabilité mortalité témérité rivalité pluralité propriété priorité

Y y

Ya yè yé ye yi yo yu you
yan yen yon yun
Ail eil il ouil

Yolof yunan yédo yaméo yanon travail orteil réveil pareil avril babil Popayan Loyola Royan mail deuil treuil fenouil.

GN gn

Gna gnè gné gne gni gno gnu gnou
gnan gnin gnon gnun

Rognon trognon mignon dignité ignorantin Avignon pignon alignoir magnanimité original brugnon lumignon Frontignan vigneron ignoré indignité malignité.

Z z

Za zè zé ze zi zo zu zou
zan zin zon zun zoi
Az ez iz oz uz ouz
Azur blazon Mazarin Montézuma
zéro Zulmé bazar Luzi vizir diapazon
Aza Zénon Zabulon Zamora Zulnar.

S s

Sa sè sé se si so su sou
san sin son sun soi
As ès is os us ous
Soupé soif absurdité serin sofa supin
samedi savon solidité santé stabilité
sablon stérilité salon bistouri piston
surdité subtilité risban safran satin
substantif sapin sultan arsenal sandal
lustral santal signal subtil postérité
salubrité sommité sérénité sévérité
sobriété stupidité sublimé vétusté

surnom tournesol souvenir soupir
similor prospérité strapontin transpontin
insolvabilité solidarité spontanéité
spiritualité supériorité administratif

J j

Ja jè jé je gi jo ju jon
jan gin jon jun joi

Jupon jardin joli jasmin jambon
japon sapajou majorité jalon major
ajustoir jubilé jalap bajou bijou
Anjou joujou jovial journal juré jeton
jubé jaspé donjon abjuré.

CH ch

Cha chè ché che chi cho chu chou
chan chin chon chun choi

Bichon cheval chambrelan charbon
bouchon barbichon chemin champignon
tirebouchon fourchon charlatan
chenapan chafouin charité chérubin

chantourné chasteté échevelé débouché marché péché bichon manchon torchon branchu fichu déchu fourchu chalan échevin moucheté parchemin chenal machinal maréchal sénéchal chardon brochoir chinon échelon chevelu chétif.

G g

Ga gue go gon goi
Ag eg ig og ug oug

Galon égalité dragon jargon gourdin sagouin gardefou inégal madrigal indigo inégalité intégrité prodigalité légalité galbanon goduron grognon gnomon brigantin chagrin ouragan égal maringouin fagotin frugal diagonal légal tigré degré galon bénignité gradué frugalité longanimité gravité chagriné grenu guenon infatigabilité.

C c

Ca que co can con coi
Ac ec ic oc uc ouc

Café bivouac cornac bouc trictac agaric alambic arsenic aspic balcon flacon flocon cadran capitan cormoran carlin carmin carton canon contour crin cap acajou clou bocal canal cordial crural fiscal médical local cornu canapé crampon crépon coupon cordon calamité conjuré conformité activité vicomté pronostic public trafic bloc troc froc archiduc cochon capuchon écran pélican cornichon toucan biscotin bouquetin carabin scrutin tocsin capital caporal cardinal pascal patriarcal radical cacao crépu carafon colibri cardon captivité cavité clarté incomptabilité concavité irrévocabilité fécondité incombustibilité ponctualité incorruptibilité irrévocabilité

GU gu

Guè gué gui gu gun guin

Doguin bourguignon sanguin béguin ambiguité régularité irrégularité drogué singularité coagulé coagulatif guignon guéridon consanguinité contiguité guidon.

QU qu

Què qué qui cu quin cun

Antiquité aquilin requin baldaquin brodequin coquin lambrequin marasquin taquin palanquin trusquin tonquin turquin quinquina quintal curé curial cupidité curvité incurabilité difficulté équité faculté iniquité vacuité sécularité inarticulé curatif consécutif spéculatif manqué flanqué.

www.ingramcontent.com/pod-product-compliance
Lightning Source LLC
Chambersburg PA
CBHW060718280326
41933CB00012B/2482